十三届全国人大二次会议《政府工作报告》学习辅导

2018 年我国经济社会发展取得新成就

刘应杰　著

中国言实出版社

图书在版编目（CIP）数据

2018年我国经济社会发展取得新成就 / 刘应杰著 . -- 北京：中国言实出版社，2019.3
ISBN 978-7-5171-3099-4

Ⅰ . ① 2… Ⅱ . ①刘… Ⅲ . ①中国经济－经济建设－成就－2018 ②社会发展－成就－中国－ 2018 Ⅳ . ① F124 ② D668

中国版本图书馆 CIP 数据核字（2019）第 055191 号

出 版 人：王昕朋
总 监 制：朱艳华
责任编辑：佟贵兆

出版发行　中国言实出版社
　　　　　地　址：北京市朝阳区北苑路 180 号加利大厦 5 号楼 105 室
　　　　　邮　编：100101
　　　　　编辑部：北京市海淀区北太平庄路甲 1 号
　　　　　邮　编：100088
　　　　　电　话：64924853（总编室）　64924716（发行部）
　　　　　网　址：www.zgyscbs.cn
　　　　　E-mail：zgyscbs@263.net
经　　销　新华书店
印　　刷　北京温林源印刷有限公司
版　　次　2019 年 3 月第 1 版　2019 年 3 月第 1 次印刷
规　　格　850 毫米 ×1168 毫米　1/32　0.625 印张
字　　数　8 千字
定　　价　6.00 元　ISBN 978-7-5171-3099-4

2018 年我国经济社会发展取得新成就

2018 年是我国发展进程中很不平凡的一年。李克强总理在十三届全国人大二次会议上所作的《政府工作报告》，全面总结了过去一年的工作，高度概括了我国经济社会发展取得的标志性成就。过去一年，是我国改革开放 40 周年，是全面贯彻党的十九大精神的开局之年，是新一届政府依法履职的第一年。我国发展面临多年少有的国内外复杂严峻形势，经济出现新的下行压力。在以习近平同志为核心的党中央坚强领导下，全国各族人民以习近平新时代中国特色社会主义思想为指导，砥砺奋进，攻坚克难，完成全年经济社会发展主要目标任务，决胜全面建成小康社会又取得新的重大进展。

一、经济运行保持在合理区间

2018 年，在国内外经济形势复杂多变的情况下，我国经济运行总体平稳，保持在合理区间，宏观调控主要指标符合预期，有的好于预期。

经济稳定增长。全年国内生产总值同比增长6.6%，实现了6.5%左右的预期目标。分季度来看，一季度同比增长6.8%，二季度增长6.7%，三季度增长6.5%，四季度增长6.4%，呈现平稳中缓慢下降之势。各项主要实物量指标与经济增速相匹配，全年发电量增长6.8%，货运量增长7.1%。6.6%的经济增速仍然属于中高速增长，位居世界主要经济体前列。2018年，世界经济增长3%，其中美国经济增长2.9%，欧元区经济增长1.8%，日本经济增长0.9%，俄罗斯经济增长1.7%，巴西经济增长1.1%，只有印度经济增长7.3%。中国经济增长对世界经济增长的贡献率接近30%，继续成为世界经济增长的最大贡献者，发挥了动力源和稳定器的作用。

经济总量迈上新台阶。去年我国国内生产总值突破90万亿元，按平均汇率折算，经济总量达到13.6万亿美元，稳居世界第二位。去年的经济增量达到近8万亿元，相当于我国1997年的全年经济总量；折合1.4万亿美元，相当于2017年排名世界第13位的澳大利亚经济总量。

从各地方经济增速来看，一些地方仍然保持8%以上的经济增速，共有8个省份经济增速达到或超过 8%，有 14 个省份达到 7% 以上。其中比较突出的是三大板块：一是西南板块，贵州和西藏经济增长都达到 9.1%，云南经济增长 8.9%，四川经济增长 8%。二是中部板块，江西经济增长 8.7%，安徽经济增长 8%，湖南、湖北经济增长都是 7.8%，河南经济增长 7.6%。三是东南板块，福建经济增长 8.3%，浙江经济增长 7.1%，广东经济增长 6.8%，江苏经济增长 6.7%。增速较低的只有东北三省，华北的天津、内蒙古，西北的甘肃、新疆，以及重庆、海南等地，这些地方低于全国平均增速。

从各地方经济总量来看，第一大省广东经济总量达到 9.73 万亿元，折合 1.47 万亿美元，相当于全世界排名第 12 位的西班牙的经济总量。共有 4 个省份经济总量超过 5 万亿元，分别是广东省 9.73 万亿元，江苏省 9.26 万亿元，山东省 7.76 万亿元，浙江省 5.62 万亿元。有 13 个省份经济总量超过 3 万亿元，依次还有河南、四川、湖北、湖南、河北、福建、上海、北京、安徽。各地方呈现你追我赶、争先恐后、既重数量、更重质量的发展态势。

从人均水平来看，2018 年我国人均国内生产总值达到 64521 元，折合 9750 美元。全国已有 11 个省份人均超过 1 万美元，从高到低依次是：北京、上海、天津、江苏、浙江、福建、广东、山东、内蒙古、湖北、重庆。其中北京、上海人均都达到2万美元以上。我国有越来越多的居民进入中等收入水平，这提供了扩大消费、形成国内强大市场的有力支撑。

物价保持稳定。全年居民消费价格上涨2.1%，比上年1.6%的价格涨幅提高0.5个百分点，低于3%左右的预期目标。从2014年以来，我国已连续几年居民消费价格涨幅在2%及以下。居民消费价格温和上涨，一方面得益于粮食丰收和农产品供给充分，能源价格相对稳定；另一方面也有利于克服通缩，促进消费和经济增长。扣除食品和能源价格的核心CPI上涨1.9%。全年工业生产者出厂价格比上年上涨3.5%，涨幅比上年回落2.8个百分点，工业生产者购进价格比上年上涨4.1%，呈现下降态势。

经济总体稳定的一个重要表现，就是就业稳定增长。就业是民生的头等大事，是经济的晴雨表、社会的稳定器。稳增长首要是为了保就业。2018年，我国就业面临着复杂局面，高校毕业生753万人，中职毕业生487万人，还有城镇新增劳动力和农村外出农民工就业，特别是中美经贸摩擦升级给企业预期和用工带来不利影响。在就业总量增加、结构性矛盾突出的情况下，经过全国上下各方面不懈努力，保持了就业大局稳定。全年城镇新增就业1361万人，连续6年保持在1300万人以上，超额完成全年城镇新增就业1100万人以上的目标。年末全国城镇调查失业率为4.9%，全年稳定在5%左右的较低水平，实现了城镇调查失业率5.5%以内的目标。特别是31个大城市城镇调查失业率为4.7%，低于全国平均水平。主要就业年龄段25岁—59岁人口调查失业率为4.4%，保持在较低水平。年末全国就业人数达到77586万人，其中城镇就业人数43419万人。全年农民工总量28836万人，比上年增加184万人。对于我们这样一个近14亿人口的发展中大国来说，能够实现比较充分的就业，既至关重要又十分难得。就业稳定增长，成为经济运行的一大亮点。随着我国经济发展，特别是产业结构调整所带来的就业结构变化，经济增长对就业的吸纳能力增强，10年前我国经济每增长1个百分点，可以带动100万人就业，现在经济每增长1个百分点，能够带动200万人以上就业。就业的稳定增长，主要得益于我国第三产业的快速发展，得益于"放管服"改革和大众创业万众创新所带来的新增市场主体的大幅增加。就业稳，民心安，保证了我国经济社会大局稳定。

二、经济结构不断优化

经济发展稳中有进，一个重要表现就是在经济总量增加的同时，经济结构不断优化。经济结构加快调整和优化，反过来又为经济增长创造了新的空间，提高了经济发展的质量和效益。

消费对经济增长的拉动作用进一步增强。2018年社会消费品零售总额超过38万亿元，比上年增长9%，保持了较快增长。最终消费对经济增长的贡献率上升到76.2%，比上年提高18.6个百分点，比资本形成总额高出43.8个百分点。这虽然有投资增速下降的因素，但消费的稳定增长的确功不可没。消费成为"三驾马车"中拉动经济增长的主要因素，充分发挥了经济增长的"稳定器"和"压舱石"作用。特别是新兴消费快速发展，消费升级步伐加快。2018年全国网上零售额超过9万亿元，比上年增长23.9%。其中实物商品网上零售额超过7万亿元，增长25.4%，占社会消费品零售总额的比重为18.4%，非实物商品网上零售额接近2万亿元，增长18.7%。旅游消费发展迅猛，全年国内旅游达到55.4亿人次，比上年增长10.8%，相当于人均4次出游；国内旅游收入51278亿元，增长12.3%；出境旅游达到1.55亿人次，比上年增长14.1%，中国游客占到全世界出境旅游人数的 10% 以上，连续多年成为全球最大出境游客源国，出境旅游消费超过 1200 亿美元，成为拉动全球旅游消费的重要力量。

服务业对经济增长的贡献率继续提高。在我国三大产业结构中，服务业所占比重 2012 年超过第二产业，成为第一大产业；2015 年服务业增加值所占比重首次突破 50%，占到国民经济半壁江山。2018 年，服务业增加值占国内生产总值比重进一步提高到 52.2%，对经济增长贡献率接近 60%，为经济发展做出了最大贡献。全年第三产业增加值达到 469575 亿元，增长 7.6%，比国内生产总值增长高出 1 个百分点；第二产业增加值 366001 亿元，增长 5.8%，在国内生产总值中所占比重 40.7%；第一产业增加值 64734 亿元，增长 3.5%，在国内生产总值中所占比重下降为 7.2%。从工业来看，全国规模以上工业增加值增长 6.2%，增速缓中趋稳。高技术制造业增长 11.7%，战略性新兴产业增长 8.9%，装备制造业增长 8.1%，明显快于一般工业。新兴工业产品产量快速增长，铁路客车、微波终端机、锂离子电池和集成电路分别增长 183%、104.5%、12.9% 和 9.7%。高新技术产业快速发展，推动了我国产业结构优化升级。从农业来看，粮食再获丰收，结构不断优化。全国粮食总产量达到 65789 万吨，连续

4年保持在65000万吨以上。种植结构进一步优化，优质稻谷播种面积扩大，玉米播种面积继续调减，大豆、棉花、糖料等种植面积增加。

基础设施支撑能力持续提升。2018年我国铁路固定资产投资完成7920亿元，全国铁路营业里程超过13.1万公里，其中高速铁路运营里程超过2.9万公里，新增4100公里。高速公路总里程达到14.3万公里，其中新改建高速公路6000多公里，新建改建农村公路30多万公里。重大水利工程建设继续推进，水利在建投资规模达到1万亿元。全长55公里的世界最长跨海大桥——港珠澳大桥建成通车。城乡基础设施建设全面推进，交通、水利、能源、通信等日益完善，既为经济发展提供了强大支撑，也为人民生活带来了更多方便。

城乡区域发展协调性增强。从城乡结构看，2018年城镇常住人口达到83137万人，比上年末增加1790万人；乡村常住人口56401万人，比上年末减少1260万人；城镇化率上升为59.58%，比上年末提高1个多百分点。户籍制度改革加快推进，全年有近1400万农业转移人口在城镇落户。从区域发展来看，中部地区继续保持良好发展势头，全社会固定资产投资增长10%，比全国固定资产投资增速5.9%高出4.1个百分点。西部地区贵州、云南、广西、陕西、四川等投资都保持在 10% 以上增长。

发展质量和效益继续提升。从企业效益来看，全国规模以上工业企业实现利润 66351 亿元，同比增长 10.3%，其中国有控股工业企业实现利润 18583 亿元，同比增长 12.6%。从国家财政收入来看，全国一般公共预算收入 183352 亿元，比上年增长 6.2%，全年减税降费为企业和群众减轻负担 1.3 万亿元。从能耗水平来看，全年单位国内生产总值能耗下降 3.1%，实现了年初确定的下降 3% 以上的目标；能源消费结构持续改善，煤炭消费量占能源消费总量的比重为 59%，下降 1.4 个百分点，天然气、水电、核电、风电等清洁能源消费量占能源消费总量 22.1%，上升 1.3 个百分点。全国万元国内生产总值二氧化碳排放下降 4%。

三、发展新动能快速成长

过去一年，深入实施创新驱动发展战略，加快国家创新体系建设，推进"互联网 +"行动，促进大众创业、万众创新上水平，落实和完善创新激励政策，创新型国家建设迈出新步伐，发展新动能不断增强。新动能正在深刻改变经济增长格局，塑造中国发展新优势。

科技领域取得一批重大创新成果。嫦娥四号探测器成功着陆月球背面，并通过中继星将数据传回地球，标志着人类首次月球背面巡视探测任务正式开启；北斗三号基本系统完成建设，开始提供全球服务；我国地震立体观测体系首个天基平台中意电磁监测试验卫星、中法航天合作的首颗卫星中法海洋卫星成功发射；第二艘航母出海试航；国产大型水陆两栖飞机水上首飞。深海探测、生物克隆、第三代核电、智能芯片、5G 宽带等方面科技创新，都取得了重大突破性进展。

科技创新能力大幅提升。全年研发经费支出达到 19657 亿元，比上年增长 11.6%，与国内生产总值之比为 2.18%，科技进步贡献率提高到 58.5%。正在运行的国家重点实验室达到 501 个，累计建设国家工程研究中心 132 个，国家工程实验室 217 个，国家企业技术中心 1480 家。加快推进北京、上海具有全球影响力的科技创新中心建设，出台实施粤港澳大湾区国际科技创新中心建设方案。全年境内外授予专利权 244.7 万件，增长 33.3%。技术合同成交金额 17697 亿元，比上年增长 31.8%。中国全球创新指数排名从 2017 年的第 22 位，上升到 2018年的第 17 位，居发展中国家首位。世界经济论坛发布的《全球竞争力报告 2018》显示，在世界 140个经济体中，我国位列第 28 位。

新技术新产业新业态新模式快速发展。互联网、大数据、人工智能与实体经济融合向深度发展，数字消费、电子商务、现代供应链、互联网金融等新技术快速兴起，有效带动了平台经济、共享经济、智能经济发展。工业机器人、增材制造、新型显示、医疗装备等较快增长。全年新能源汽车产量增长66.2%，光纤产量增长23%，智能电视产量增长17.7%。工业互联网提速发展，智能制造工程全面实施，制造业数字化转型步伐加快。网络强国建设扎实推进，5G研发和产业化取得新进展。

大众创业万众创新蓬勃发展。推进建设一大批"双创"示范基地，"众创空间"和"创客"团队日趋活跃，新增市场主体快速增加。2018年全国新登记企业670万户，比上年增长10.3%，日均新登记企业1.84万户。我国市场主体数量超过1亿户，推动了全社会创业创新发展。

四、改革开放取得新突破

2018年隆重庆祝改革开放40周年，习近平总书记发表重要讲话，深刻总结了改革开放40年来取得的伟大成就和宝贵经验，郑重宣示了坚定不移将改革开放进行到底的信心和决心，明确提出了全面深化改革、扩大对外开放、不断把新时代改革开放继续推向前进的目标要求。改革开放力度进一步加大，制定实施了一系列新的重大改革开放举措。

重点领域改革迈出新步伐。十三届全国人大一次会议批准国务院机构改革方案，一年来国务院及地方政府机构改革顺利实施。持续深入推进简政放权、放管结合、优化服务改革，全面实施市场准入负面清单制度，取消一批行政许可事项，实行"双随机、一公开"监管，推出一批利企便民举措，营商环境不断优化。世界银行公布的营商环境全球排名，我国由2017年第78位大幅跃升至第46位，提升了32位。

深化国资国企改革，推进国有资本投资、运营公司等改革试点和混合所有制改革，国有企业优化重组、提质增效取得新进展，中国特色现代国有企业制度进一步完善。针对民营经济发展遇到的困难和问题，习近平总书记在民营企业座谈会上发表重要讲话，提出要大力支持民营企业发展壮大，减轻企业税费负担，解决民营企业融资难融资贵问题，营造公平竞争的市场环境，完善政策执行方式，构建亲清新型政商关系，维护企业家人身和财产安全。深化财税体制改革，推进中央与地方财政事权和支出责任划分改革，完善转移支付制度。顺利开征环境保护税；改革个人所得税，将起征点从3500元提高到5000元，实施六项附加扣除。加快金融体制改革，发展普惠金融，批准开业17家民营银行，着力解决小微企业融资难融资贵问题，推进利率汇率市场化改革，完善金融监管体制。宣布在上海证券交易所设立科创版并试点注册制。农业农村改革稳步推进，有序实施农村土地征收、集体经营性建设用地入市、宅基地制度改革试点，完善稻谷、小麦最低收购价政策制度，健全玉米和大豆市场化收购和补贴机制。投资、价格等改革稳步推进，文化、社会、生态文明建设等领域改革持续取得新进展。

对外开放全方位扩大。成功举办首届中国国际进口博览会，启动建设海南自由贸易试验区，提出建设海南中国特色自由贸易港，增设中国上海自由贸易试验区新片区，复制推广自由贸易试验区改革成功经验，新设一批跨境电商综合试验区。

进出口贸易实现较快增长。针对中美贸易摩擦对我国出口的不利影响，及时出台稳外贸政策，提高部分产品出口退税率，压缩货物通关时间一半以上。采取扩大进口措施，下调部分商品进口关税，关税总水平由 9.8% 降至 7.5%。2018 年我国进出口贸易逆势增长，全年货物进出口总额突破 30 万亿元，增长 9.7%；其中出口 164177 亿元，增长 7.1%；进口 140874 亿元，增长 12.9%。我国继续保持世界第一大货物贸易国、第一大出口国、第二大进口国地位。服务贸易呈现快速增长势头，全年服务进出口总额 52402 亿元，比上年增长 11.5%，其中服务出口 17658 亿元，增长 14.6%；服务进口 34744 亿元，增长 10%。服务贸易规模创历史新高，连续 5 年保持全球第二位。

利用外资和对外投资持续发展。在全球跨境投资大幅下滑的背景下，2018 年我国利用外资 1383 亿美元，同比增长 3%，特别是制造业利用外资增长了 20%，占比达到了 30%。全年对外非金融类投资 1205 亿美元。

共建"一带一路"取得重要进展。5 年多来，累计与 150 多个国家和国际组织签署 171 份政府间合作文件，我国与沿线国家货物贸易额累计超过 5 万亿美元，建设境外经贸合作区总投资 289 亿美元，为当地创造 24.4 万个就业岗位和 20 多亿美元的税收。中老中泰铁路、中国与阿联酋产能合作园区等重点项目取得实质性进展，雅万高铁全面开工，瓜达尔港等重点港口项目进展顺利，中欧班列累计开行超过 1.3 万列。2018 年我国对"一带一路"沿线国家进出口总额 83657 亿元，增长 13.3%，其中出口 46478 亿元，增长 7.9%；进口 37179 亿元，增长 20.9%。对"一带一路"沿线国家非金融类直接投资额 156 亿美元，增长 8.9%。

国际收支基本平衡。2018 年我国货物进出口顺差 23303 亿元，比上年减少 5217 亿元，服务进出口逆差 17086 亿元。利用外资规模大于对外投资。外汇储备保持在 3 万亿美元以上，全年人民币平均汇率为 1 美元兑 6.6174 元人民币，比上年升值 2%。

五、三大攻坚战开局良好

2018 年，国家制定并有序实施三大攻坚战三年行动方案，各项工作扎实推进。

防范化解金融风险成效初显。主动防范化解重大风险，宏观杠杆率趋于稳定，金融运行总体平稳。2018 年 M_2 增长低于名义 GDP 增长，M_2 与 GDP 之比为 202.9%，比上年下降 3 个百分点。年末全国地方政府债务余额继续控制在全国人大批准的限额之内，商业银行资本充足率和拨备覆盖率保持较高水平。

脱贫攻坚成效显著。采取有力有效措施，深入推进精准扶贫精准脱贫，特别是加大重点地区脱贫攻坚力度，农村贫困人口数量大幅下降。2018 年末，农村贫困人口比上年末减少 1386 万人，易地扶贫搬迁 280 万人，农村剩余贫困人口 1660 万人，贫困发生率 1.7%，比上年下降 1.4 个百分点。

污染防治得到加强。出台打赢蓝天保卫战三年行动计划，深入推进水、土壤污染防治行动。全国

338 个地级及以上城市空气质量平均优良天数比例为 79.3%，比上年提高了 1.3 个百分点。细颗粒物（PM$_{2.5}$）未达标城市年平均浓度 43 微克／立方米，下降了 10.4%。重点流域水质继续改善，生态文明建设成效显著。稳步推进全国碳排放交易市场建设。推动联合国气候变化大会取得积极成果，为《巴黎协定》实施细则的通过发挥了重要作用。

六、人民生活持续改善

城乡居民收入持续增长。居民收入与经济增长基本同步，2018 年全国居民人均可支配收入 28288 元，实际增长 6.5%，快于人均 GDP6.1% 的增速。农村居民收入增长快于城镇居民，城镇居民人均可支配收入 39251 元，实际增长 5.6%；农村居民人均可支配收入 14617 元，实际增长 6.6%。全国农民工人均月收入 3721 元，比上年增长 6.8%。

居民消费水平提高，消费结构加快升级。2018 年全国居民人均消费支出实际增长 6.2%，增速比上年加快 0.8 个百分点，农村居民人均消费支出实际增长 8.4%，比城镇居民消费实际增长 4.6% 高出 3.8 个百分点。汽车、住房、旅游、文化、信息等消费持续增长，并逐渐从城市向农村扩展。全国居民恩格尔系数下降到 28.4%，比上年减少 0.9 个百分点，其中城镇居民为 27.7%，农村居民为 30.1%。

社会保障水平不断提高。社会保险覆盖面不断扩大，2018 年末，全国参加城镇职工基本养老保险、城乡居民基本养老保险、职工基本医疗保险、城乡居民基本医疗保险人数分别比上年末增加 1555 万、1137 万、1351 万和 2382 万人，养老保险覆盖人数已超过 9.42 亿人，基本医疗保险覆盖人数已超过 13.45 亿人。各级各类教育加快发展，九年义务教育巩固率达到 94.2%，高中阶段毛入学率提高到 88.8%，高等教育毛入学率达到 48.1%，全年资助各类学校家庭困难学生超过 1 亿人次。社会帮扶力度加大。临时救助 1075 万人次，资助 4972 万人参加基本医疗保险，医疗救助 3825 万人次。困难群体住房保障持续推进，全年全国棚户区住房改造开工 626 万套，基本建成 511 万套，农村危房改造190 万户。社会保障网进一步织密兜牢，人民群众有了更多获得感、幸福感、安全感。

回顾过去一年，成绩来之不易。我们面对的是深刻变化的外部环境。世界经济增速放缓，经济全球化遭遇波折，多边主义受到冲击，保护主义、单边主义加剧，国际金融市场和大宗商品价格震荡，不稳定不确定因素明显增加。特别是中美经贸摩擦给一些企业生产经营、市场预期带来不利影响。我们面对的是经济转型阵痛凸显的严峻挑战。新老矛盾交织，周期性、结构性问题叠加，经济运行稳中有变、变中有忧，国内经济下行压力加大，消费增速放缓，有效投资增长乏力，实体经济困难较多，一些地方财政收支矛盾凸显，金融等领域风险隐患依然不少。我们面对的是两难多难问题增多的复杂局面。实现稳增长、防风险等多重目标，完成经济社会协调发展等多项任务，处理好当前与长远等多种关系，政策选择和工作推进的难度明显加大。我们深入贯彻落实党中央决策部署，坚持稳中求进工作总基调，统筹稳增长、促改革、调结构、惠民生、防风险，稳妥应对中美经贸摩擦，着力稳就业、稳金融、稳外贸、稳外资、稳投资、稳预期，创新和完善宏观调控，不搞"大水漫灌"式强刺激，保持宏观政策连续性稳定性，在区间调控基础上加强定向调控、精准调控，主动预调微调，有针对性地解决经济发展中的突出矛盾和问题。经过全国上下共同努力，我国经济发展在高基数上实现总体平稳、稳中有进，社会大局保持稳定。这再次表明，在中国共产党领导下，中国人民有战胜任何艰难险阻的勇气、智慧和力量，中国的发展没有过不去的坎。